Nature d'Intervent

Date: _____

Commune: _____

Résumé de l'intervention

_____

_____

_____

_____

Actions menées:

1: _____

2: _____

3: _____

Moments forts

Engins sur les lieux :

Notes / observations:

Nature d'Intervention:

Date: _____

Commune: _____

Résumé de l'intervention ⊕

_____

_____

_____

_____

Actions menées:

1: _____

2: _____

3: _____

Moments forts

_____

_____

Engins sur les lieux :

_____

_____

_____

Notes / observations:

_____

_____

_____

_____

_____

Nature d'Intervention:

Date: _____

Commune: _____

Résumé de l'intervention ◉

_____

_____

_____

_____

Actions menées:

1: _____

2: _____

3: _____

Moments forts

_____

_____

Engins sur les lieux :

_____

_____

_____

Notes / observations:

_____

_____

_____

_____

_____

Nature d'Intervention:

Date: _____

Commune: _____

Résumé de l'intervention ⊕

_____

_____

_____

_____

Actions menées:

1: _____

2: _____

3: _____

Moments forts

Engins sur les lieux :

Notes / observations:

Nature d'Intervention:

Date: _____

Commune: _____

Résumé de l'intervention ⊙

_____

_____

_____

_____

Actions menées:

1: _____

2: _____

3: _____

Moments forts

Engins sur les lieux :

Notes / observations:

Nature d'Intervention:

Date: _____

Commune: _____

Résumé de l'intervention ⌖

_____

_____

_____

_____

Actions menées:

1: _____

2: _____

3: _____

Moments forts

_____

_____

Engins sur les lieux :

_____

_____

_____

Notes / observations:

_____

_____

_____

_____

_____

Nature d'Intervention:

Date: _____

Commune: _____

Résumé de l'intervention ⊙

_____

_____

_____

_____

Actions menées:

1: _____

2: _____

3: _____

Moments forts

Engins sur les lieux :

Notes / observations:

Nature d'Intervention:

Date:

Commune:

Résumé de l'intervention ⊕

Actions menées:

1:

2:

3:

Moments forts

_____

_____

Engins sur les lieux :

_____

_____

_____

Notes / observations:

_____

_____

_____

_____

_____

Nature d'Intervention:

Date: _____

Commune: _____

Résumé de l'intervention ⊕

_____

_____

_____

_____

Actions menées:

1: _____

2: _____

3: _____

Moments forts

_____

_____

Engins sur les lieux :

_____

_____

_____

Notes / observations:

_____

_____

_____

_____

_____

Nature d'Intervention:

Date: _____

Commune: _____

Résumé de l'intervention ⊙

_____

_____

_____

_____

Actions menées:

1: _____

2: _____

3: _____

Moments forts

Engins sur les lieux :

Notes / observations:

Nature d'Intervention:

Date: _____

Commune: _____

Résumé de l'intervention ⊙

_____

_____

_____

_____

Actions menées:

1: _____

2: _____

3: _____

Moments forts

_____

_____

Engins sur les lieux :

_____

_____

_____

Notes / observations:

_____

_____

_____

_____

_____

Nature d'Intervention:

Date: _____

Commune: _____

Résumé de l'intervention ⊙

_____

_____

_____

_____

Actions menées:

1: _____

2: _____

3: _____

Moments forts

Engins sur les lieux :

Notes / observations:

Nature d'Intervention:

Date: _____

Commune: _____

Résumé de l'intervention ⊙

_____

_____

_____

_____

Actions menées:

1: _____

2: _____

3: _____

Moments forts

_____

_____

Engins sur les lieux :

_____

_____

_____

Notes / observations:

_____

_____

_____

_____

_____

Nature d'Intervention:

Date: _____

Commune: _____

Résumé de l'intervention ⊙

_____

_____

_____

_____

Actions menées:

1: _____

2: _____

3: _____

Moments forts

_____

_____

Engins sur les lieux :

_____

_____

_____

Notes / observations:

_____

_____

_____

_____

_____

Nature d'Intervention:

Date: _____

Commune: _____

Résumé de l'intervention ⌖

_____

_____

_____

_____

Actions menées:

1: _____

2: _____

3: _____

Moments forts

Engins sur les lieux :

Notes / observations:

Nature d'Intervention:

Date: _____

Commune: _____

Résumé de l'intervention ⊙

_____

_____

_____

_____

Actions menées:

1: _____

2: _____

3: _____

Moments forts

Engins sur les lieux :

Notes / observations:

Nature d'Intervention:

Date:

Commune:

Résumé de l'intervention

Actions menées:

1:

2:

3:

Moments forts

Engins sur les lieux :

Notes / observations:

Nature d'Intervention:

Date:

Commune:

Résumé de l'intervention ⊙

Actions menées:

1:

2:

3:

Moments forts

_____

_____

Engins sur les lieux :

_____

_____

_____

Notes / observations:

_____

_____

_____

_____

_____

Nature d'Intervention:

Date: _____

Commune: _____

Résumé de l'intervention ⊙

_____

_____

_____

_____

Actions menées:

1: _____

2: _____

3: _____

Moments forts

Engins sur les lieux :

Notes / observations:

Nature d'Intervention:

Date:

Commune:

Résumé de l'intervention ⊕

Actions menées:

1:

2:

3:

Moments forts

_____

_____

Engins sur les lieux :

_____

_____

_____

Notes / observations:

_____

_____

_____

_____

_____

Nature d'Intervention:

Date:

Commune:

Résumé de l'intervention ◎

Actions menées:

1:

2:

3:

Moments forts

Engins sur les lieux :

Notes / observations:

Nature d'Intervention:

Date:

Commune:

Résumé de l'intervention ⊕

Actions menées:

1:

2:

3:

Moments forts

Engins sur les lieux :

Notes / observations:

Nature d'Intervention:

Date: _____

Commune: _____

Résumé de l'intervention ◎

_____

_____

_____

_____

Actions menées:

1: _____

2: _____

3: _____

Moments forts

Engins sur les lieux :

Notes / observations:

Nature d'Intervention:

Date: _____

Commune: _____

Résumé de l'intervention ⊙

_____

_____

_____

_____

Actions menées:

1: _____

2: _____

3: _____

Moments forts

_____

_____

Engins sur les lieux :

_____

_____

_____

Notes / observations:

_____

_____

_____

_____

_____

Nature d'Intervention:

_____

Date: _____

Commune: _____

Résumé de l'intervention ⌖

_____

_____

_____

_____

Actions menées:

1: _____

2: _____

3: _____

Moments forts

_____

_____

Engins sur les lieux :

_____

_____

_____

Notes / observations:

_____

_____

_____

_____

_____

Nature d'Intervention:

Date:

Commune:

Résumé de l'intervention ⊚

Actions menées:

1:

2:

3:

Moments forts

_____

_____

Engins sur les lieux :

_____

_____

_____

Notes / observations:

_____

_____

_____

_____

_____

Nature d'Intervention:

Date:

Commune:

Résumé de l'intervention ⊙

Actions menées:

1:

2:

3:

Moments forts

_____

_____

Engins sur les lieux :

_____

_____

_____

Notes / observations:

_____

_____

_____

_____

_____

Nature d'Intervention:

Date: _____

Commune: _____

Résumé de l'intervention ⊙

_____

_____

_____

_____

Actions menées:

1: _____

2: _____

3: _____

Moments forts

_____

_____

Engins sur les lieux :

_____

_____

_____

Notes / observations:

_____

_____

_____

_____

_____

Nature d'Intervention:

Date:

Commune:

Résumé de l'intervention ⊙

Actions menées:

1:

2:

3:

Moments forts

Engins sur les lieux :

Notes / observations:

Nature d'Intervention:

Date:

Commune:

Résumé de l'intervention ⊕

Actions menées:

1:

2:

3:

Moments forts

Engins sur les lieux :

Notes / observations:

NOTES GENERALES

NOTES GENERALES

NOTES GENERALES

NOTES GENERALES

NOTES GENERALES

NOTES GENERALES

Printed in Great Britain
by Amazon